MAX ET LES MAXIMONSTRES

MAX ET LES MAXIMONSTRES

HISTOIRE ET ILLUSTRATIONS DE MAURICE SENDAK

l'école des loisirs

11, rue de Sèvres, Paris 6ᵉ

Traduit de l'anglais (États-Unis) par Bernard Noël
© 1963, Maurice Sendak (copyright renouvelé en 1991) • © 1973, l'école des loisirs, Paris, pour l'édition en langue française
Titre de l'édition originale : «Where the Wild Things Are» (Harper & Row, New York, 1963) • Tous droits réservés
Loi numéro 49 956 du 16 juillet 1949 sur les publications destinées à la jeunesse : janvier 1973
Dépôt légal : octobre 2018 • Imprimé en France par Pollina à Luçon - 86929 • ISBN 978-2-211-22271-6

Un soir, Max enfila son costume de loup.
Il fit une bêtise, et puis une autre…

et puis une autre…

«MONSTRE», lui dit sa mère.

«JE VAIS TE MANGER», répondit Max
et il se retrouva au lit
sans rien avoir mangé du tout.

Ce soir-là, une forêt poussa
dans la chambre de Max.

D'abord un arbre,
puis deux, puis trois,

des lianes qui pendaient du plafond,
et au lieu des murs,
des arbres à perte de vue.

Un océan gronda,
il portait un bateau
qui attendait Max.
Alors Max fit voile;
il navigua nuit et jour,

il navigua pendant
des semaines,
il navigua plus d'un an
pour arriver au pays
des Maximonstres.

Les Maximonstres roulaient
des yeux terribles,
ils poussaient de terribles cris,

ils faisaient grincer leurs terribles crocs
et ils dressaient vers Max
leurs terribles griffes.

« SILENCE », dit simplement Max.
Il les fixait, tranquille,

droit dans leurs yeux jaunes ;
pas un seul de ses cils ne bougeait.

«Vous êtes terrible, vous êtes notre roi.»

«Nous allons faire une fête épouvantable», déclara le roi Max.

«Ça suffit», dit Max brusquement. «Vous irez au lit sans souper.»
Max, roi des Maximonstres, resta seul.
Une envie lui vint d'être aimé, d'être aimé terriblement.

De loin, très loin, du bout du monde,
lui venaient des odeurs de choses bonnes à manger.
Max renonça à être roi des Maximonstres.

«Ne partez pas, ne nous abandonnez pas.
Nous vous aimons terriblement,
nous vous mangerons.»
«Non», dit seulement Max.

Les Maximonstres roulaient des yeux terribles,
ils poussaient de terribles cris, ils faisaient grincer leurs terribles crocs
et dressaient vers Max leurs terribles griffes.
Du bateau qui portait son nom, Max leur fit un petit salut.

Il fit voile à nouveau.
Il vogua le matin et il vogua le soir,
les jours étaient comme des semaines
et les semaines comme des mois

mais au bout d'un an et un jour
il accosta enfin en pleine nuit,
dans sa propre chambre,
où il trouva son dîner qui l'attendait.

– tout chaud –